LÉONARD

LÉONARD

19

FLAGRANT GÉNIE

turk & de groot

LE LOMBARD
LA BD DES 7 A 77 ANS

D/2003/0086/407
ISBN 2-80361-717-X

Dépôt légal : mars 2003

LES EDITIONS DU LOMBARD
7, AVENUE PAUL-HENRI SPAAK - 1060 BRUXELLES - BELGIQUE

www.lelombard.com
l'internet des 7 à 77 ans

fais-moi un sigle

saute qui peut

DISCIPLE, JE VAIS VOUS MONTRER COMMENT PRATIQUER LE BENJI !
VOUS ALLEZ AIMER !
MAIS JE VEUX PAS EN FAIRE, MOI, DU SAUT À L'ÉLASTIQUE !!
DU BENJI !
... VOUS PRÉFÉREZ PEUT-ÊTRE QUE J'ÉTRENNE MA NOUVELLE ENCLUME ?!...
ALLONS ! ENFILEZ CECI !
EUH... J'HÉSITE !
LE TOUT, C'EST DE BIEN FIXER L'ÉLASTIQUE AUX CHAUSSURES, QUESTION DE SÉCURITÉ !...
... LA SÉCURITÉ, DANS CE SPORT, PASSE AVANT TOUT !...
BIEN VÉRIFIER ET REVÉRIFIER GN... GN... ÇA VA !
284.B
VOUS POUVEZ SAUTER, À PRÉSENT !
SAUTER !?! MAIS PAS DU TOUT ! JE...
TIMIDE, HEIN !...
PAF
AAARGH !

AAAAAAAAA
KRASH
KRASH???
OOOH!
DISCIPLE, VOUS ALLEZ RIRE !... J'AI OUBLIÉ D'ATTACHER L'ÉLASTIQUE AU PONT !
ne pas oublier d'attacher l'élastique au pont !
N'AYEZ CRAINTE !... ÇA NE SE REPRODUIRA PLUS !
DEUXIÈME ESSAI !
PAF
AAARGH!
AAAAAAAA
284.C
BONG BONG BONG BONG BONG BONG BONG BONG BONG BONG
BONG BONG BONG BONG BONG BONG BONG BONG BONG BONG BONG BONG ?
étiré, l'élastique doit être plus court que la distance qui sépare le point de lancement du fond du ravin parsemé de rochers pointus !...

DISCIPLE ?
GAW
PAF
de plus, il ne faut jamais se pencher pour regarder remonter le sauteur !...
ALORS, DISCIPLE, C'EST AMUSANT, NON ?
AAH ÇA !
...IL Y A BIEN LONGTEMPS QUE JE N'AVAIS PLUS AUTANT RI !...
PAS MA FAUTE SI VOUS AVEZ UNE CONSTITUTION FRAGILE !
J'APPELLE UNE AMBULANCE !
JE DOIS VOUS AVOUER QUE JE SUIS QUAND MÊME UN BRIN DÉÇU, DISCIPLE !...
PIN
AAH, VOUS AUSSI !
PON
284.D
BEN OUI, PARCE QU'À CAUSE DE VOTRE MAUVAISE VOLONTÉ, CETTE HISTOIRE N'AURA PAS DE CHUTE !
PIN
HOPITAL
-SILENCE !-
PON
PAS DE CHUTE, HEIN ?... VOUS EN FICHERAI, MOI, DES JOYEUX NOËLS !
?
PIN...
TONK
TONK
SALE CARACTÈRE !

DISCIPLE!
ZZZZ... UH!??
DISCIPLE!
ÇA, C'EST LA VOIX DE MON MAÎTRE!
IL VA VOULOIR ME FAIRE TESTER UNE DE SES INVENTIONS, ÇA VA RATER ET JE VAIS, COMME D'HABITUDE, ME RETROUVER À L'HÔPITAL!...
VITE!... UNE PLANQUE, ET UNE BONNE!
DISCIPLE!
BROM
AÏE! AÏE!
DISCIPLE!
EH BEN!?! OÙ C'EST-Y QU'IL EST, MON DISCIPLE?...
adieu

ET VOILÀ !... UNE FOIS DE PLUS, IL S'EST PLANQUÉ !
DISCIPLUS-SIMPLEX
FFF !
AU LIEU D'ÊTRE DISCIPLE, IL AURAIT MIEUX FAIT D'ÊTRE HAUT GRADÉ DANS L'ARMÉE !
MAIS JE VAIS REMETTRE LA MAIN DESSUS !... JE SUIS IMBATTABLE À CE JEU-LÀ !
DISCIPLE ?...
... IL EST PAS LÀ !
QUANT À TOI, RAOUL ARRÊTE DE ME SINGER !
IL EST PAS LÀ !...
... LÀ NON PLUS !...
... ICI PEUT-ÊTRE ?... NON !...
PROTCH
PROTCH
286B
ALLONS VOIR DANS LA REMISE !...
DISC...
DISCIPLE ?
PANPAN PÉDÈTE

J'AI MÊME PAS EU MAL, D'ABORD !...
PFFRT
DISC...
?
ZZZ...
ZZZ ?...
ZZZ !
POMPE POMPE POMPE
AH !
¿
HÉ !
BLOUB
ZUT ! IL A FILÉ PAR L'ÉGOUT !
L'ÉGOUT ET LES COULEURS !...
GURGLE
286 C
MAIS, JE VOUS RETROUVERAI, DISCIPLE !...
C'EST MOI QUI AI DÉTERMINÉ LE TRACÉ DES ÉGOUTS, ET LE COLLECTEUR DANS LEQUEL VOUS ÊTES, JE SAIS EXACTEMENT OÙ IL SORT, C'EST-À-DIRE...

... LÀ-BAS, PRÈS DE LA ZONE INDUSTRIELLE QUE J'AI INVENTÉE IL Y A QUELQUES MOIS !
TIENS !?!
BLUB
BLOB
TCHHH
HELP !
ON DIRAIT QUE L'USINE DE PRODUITS CHIMIQUES A ENCORE DÉVERSÉ SES RÉSIDUS DANS LA RIVIÈRE !
RAAAH !
PCHHH
HÉ ! DISCIPLE ! REVENEZ ! JE BRÛLE D'ENVIE DE VOUS PARLER !...
PCHHHHHHH
CLIC CLAC CLIC
MAIS !?... MAIS IL SE DIRIGE VERS LA FABRIQUE DE CHARCUTERIE !...
UNE... DEUX... UNE... DEUX !
... IL EST FOU DE VOULOIR SE PLANQUER LÀ-DEDANS... IL VA SÛREMENT LUI ARRIVER DES BRICOLES !...
S.A. LAMY
CHARCUTERIE EN GROS
286.D
EXCUSEZ-MOI, N'AURIEZ-VOUS PAS VU PASSER UN DISCIPLE ?...
LE PETIT TRUC NOIR, TOUT BRÛLÉ, QUI CRIAIT "AU SECOURS" ?... IL A SAUTÉ SUR LE TAPIS ROULANT DE LA CHAÎNE 18 !
MIAM !
... CE N'EST D'AILLEURS PAS TRÈS PRUDENT, C'EST LA CHAÎNE OÙ ON FAIT LA VIANDE HACHÉE POUR LES SAUCISSES !...
MERCI !
BURP !

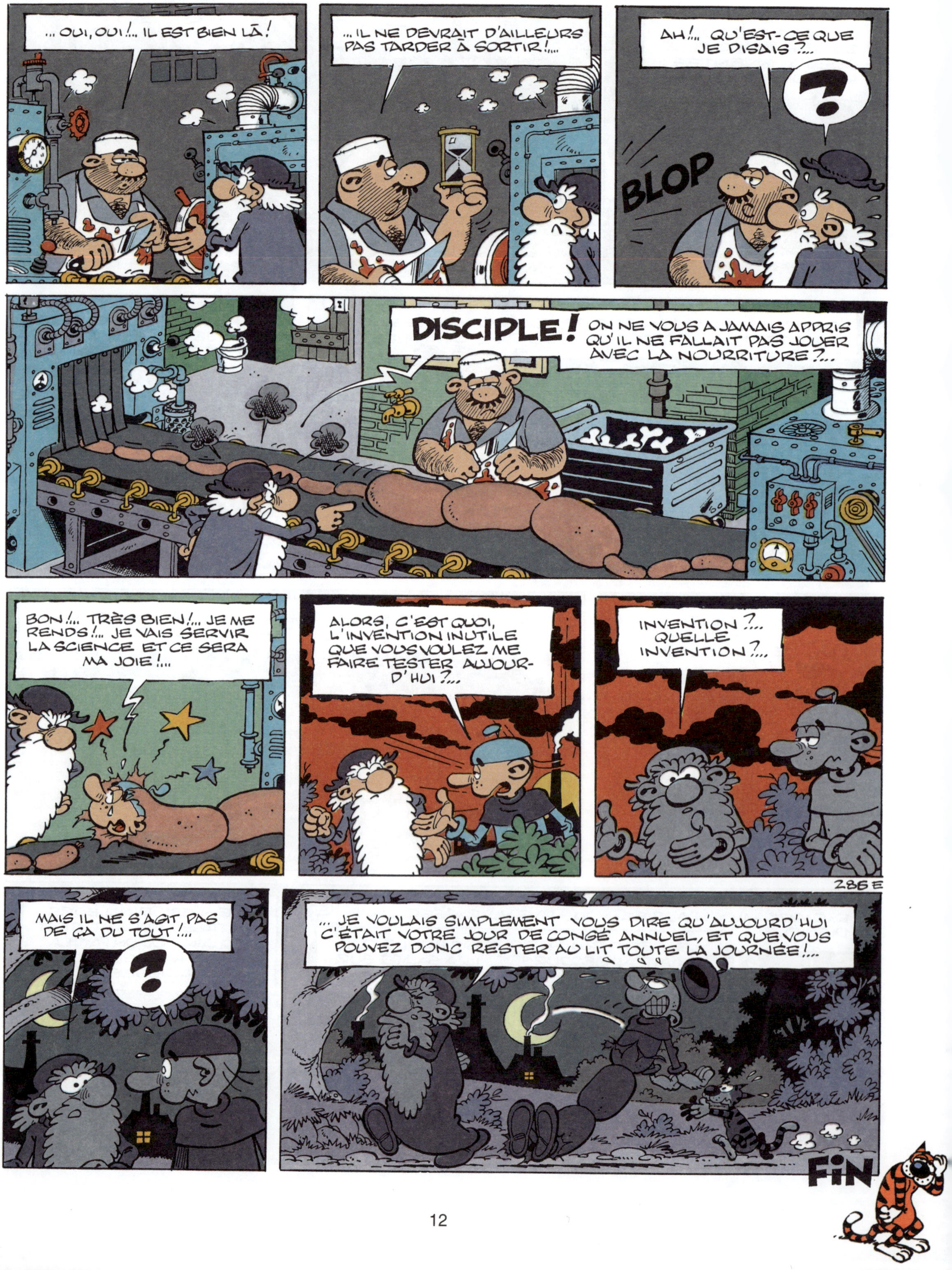
... OUI, OUI !... IL EST BIEN LÀ !
... IL NE DEVRAIT D'AILLEURS PAS TARDER À SORTIR !...
AH !... QU'EST-CE QUE JE DISAIS ?...
?
BLOP
DISCIPLE ! ON NE VOUS A JAMAIS APPRIS QU'IL NE FALLAIT PAS JOUER AVEC LA NOURRITURE ?...
BON !... TRÈS BIEN !... JE ME RENDS !... JE VAIS SERVIR LA SCIENCE ET CE SERA MA JOIE !...
ALORS, C'EST QUOI, L'INVENTION INUTILE QUE VOUS VOULEZ ME FAIRE TESTER AUJOURD'HUI ?...
INVENTION ?... QUELLE INVENTION ?...
286 E
MAIS IL NE S'AGIT PAS DE ÇA DU TOUT !...
?
... JE VOULAIS SIMPLEMENT VOUS DIRE QU'AUJOURD'HUI C'ÉTAIT VOTRE JOUR DE CONGÉ ANNUEL, ET QUE VOUS POUVEZ DONC RESTER AU LIT TOUTE LA JOURNÉE !...
FIN

Protocolle

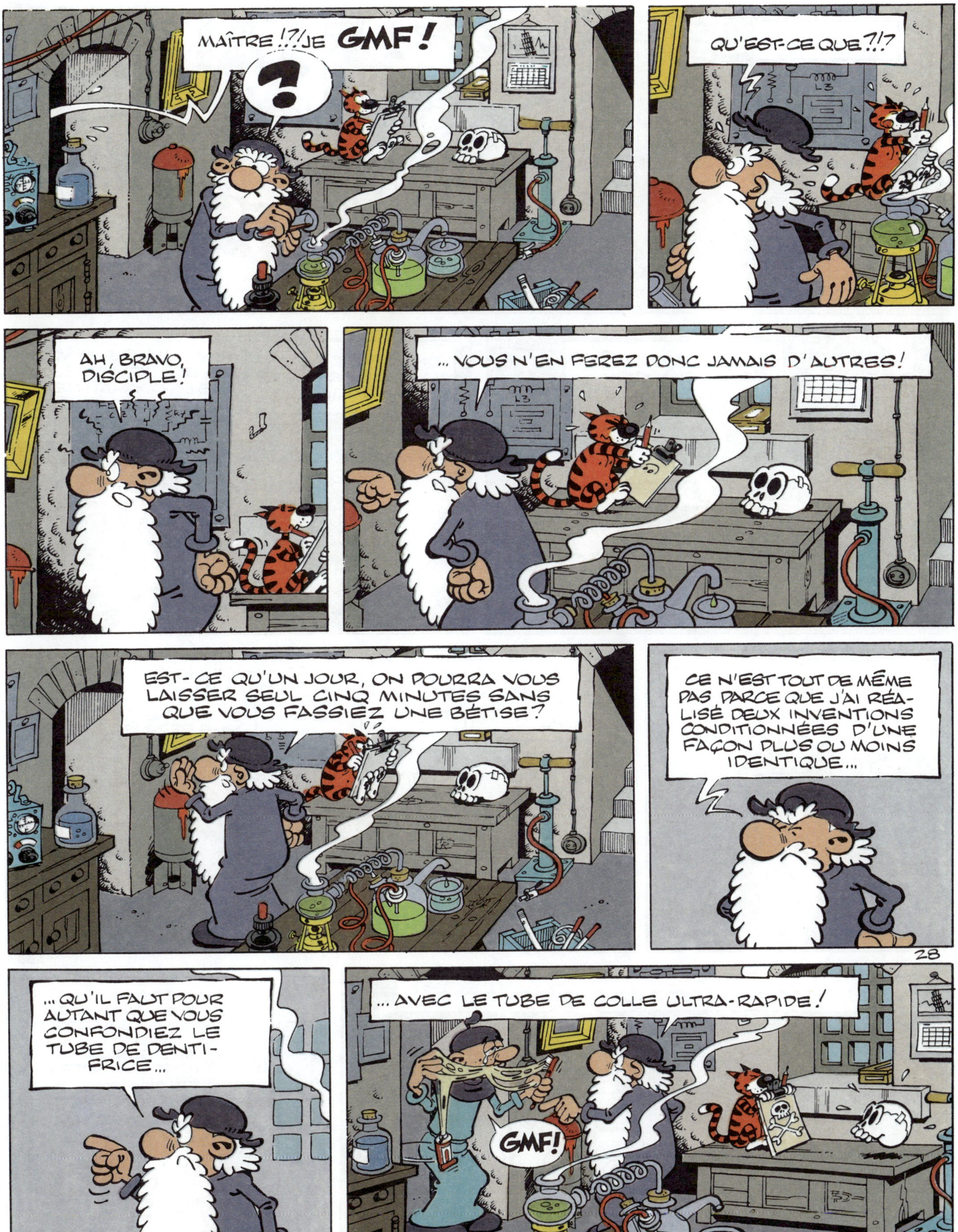

MAÎTRE !?/JE GMF !
?
QU'EST-CE QUE ?!?
AH, BRAVO, DISCIPLE !
... VOUS N'EN FEREZ DONC JAMAIS D'AUTRES !
EST-CE QU'UN JOUR, ON POURRA VOUS LAISSER SEUL CINQ MINUTES SANS QUE VOUS FASSIEZ UNE BÊTISE ?
CE N'EST TOUT DE MÊME PAS PARCE QUE J'AI RÉALISÉ DEUX INVENTIONS CONDITIONNÉES D'UNE FAÇON PLUS OU MOINS IDENTIQUE...
... QU'IL FAUT POUR AUTANT QUE VOUS CONFONDIEZ LE TUBE DE DENTIFRICE...
... AVEC LE TUBE DE COLLE ULTRA-RAPIDE !
GMF !

jeu drôle

J'AI FINI!

AU BOUT DE CE COULOIR, IL Y A TROIS PORTES, VOUS EN CHOISISSEZ UNE ET VOUS ENTREZ DE PLAIN-PIED DANS LE RÉCIT... C'EST UN NOUVEAU COULOIR AU BOUT DUQUEL IL Y A TROIS PORTES ET AINSI DE SUITE!... VOICI VOTRE ÉQUIPEMENT D'AVENTURIER!...
J'AI PAS CONFIANCE!
BERNADETTE, VIENS VITE!... ON VA SE FENDRE LA PÊCHE!...
ALORS, DISCIPLE, QUEL PORTE CHOISISSEZ-VOUS!
MER
MONTAGNE
LA MONTAGNE! J'AI TOUJOURS AIMÉ LA MONTAGNE!
VIVE LA MONTAGNE!
LE BON AIR ET TOUT!
BROMBOLOM
JE PENSE QUE VOUS N'AVEZ PAS CHOISI LA BONNE PORTE!
AVALANCHE!
PRENEZ-EN DONC UNE AUTRE!...
SÛREMENT PAS CELLE DE LA JUNGLE, ÇA DOIT ÊTRE PLEIN D'AFFREUSES BÉBÊTES!
JUNGLE
LA MER!... ÇA, C'EST UN CHOIX CALME!... À MOINS QUE... MAIS OUI... C'EST ÇA: JE VAIS PASSER CETTE PORTE ET CRAC: UNE TEMPÊTE VA ME NOYER! C'EST ÇA, HEIN?
MAIS PAS DU TOUT!
JURÉ?
JURÉ!
MER

EUH!
GRUNT!
MAÎTRE-NAGEUR HARGNEUX
BUNK
EN EFFET, CE N'ÉTAIT PAS UNE TEMPÊTE !...
C'ÉTAIT UN OURAGAN !
BOM
BEN... JE CROIS QU'IL NE RESTE PLUS QUE LA PORTE DE LA JUNGLE !...
JE LE CRAINS !
MONTAGNE
JUNGLE
JE... JE TROUILLE À LA VITESSE DE LA LUMIÈRE !...
MONTAGNE
JUNGLE
JUNGLE
MAIS?!?
288C
... MAIS C'EST TOUT SIMPLEMENT MAGNIFIQUE !

IL Y A MÊME DE JOLIES FLEURS !
CARNIVOOOOOOOOOOOOORES !
CLAP
CLAP
AH !?!... ENCORE !
GROS MÉCHANT SANGUINAIRE
TUEUR À GAGES
GENTIL MONSIEUR
ET VOUS APPELEZ ÇA UN CHOIX, VOUS ?
TUEUR À
GENTIL MONSIEUR
PLUTÔT FACILE !
BONJOUR, CHER AMI, BONJOUR ET BIENVENUE ! PUIS-JE VOUS OFFRIR UNE PETITE TASSE DE THÉ ?
AVEC PLAISIR !
ÇA VOUS DÉRANGE SI JE VOUS POSE UNE PETITE QUESTION ?
MAIS, PAS DU TOUT CHER AMI, JE VOUS EN PRIE !
QU'EST-CE QU'UN STOMOXE ?
JE N'EN AI PAS LA MOINDRE IDÉE ET SAUF VOTRE RESPECT, JE M'EN TAPE !
SLURP

UN GAGE, IL A UN GAGE !
?
JUMBO !... LE MONSIEUR A UN GAGE !
BRAAAH
TROMP TROMP
TROMP TROMP
BRAHAHAHA
C'EST ÇA ! MOQUE-TOI, EN PLUS !...
ON DIRAIT QU'IL A DISCUTÉ POLITIQUE AVEC UN ROULEAU COMPRESSEUR !
QUOI ? ENCORE DES PORTES ?
ENCORE DES ENNUIS EN PERSPECTIVE !
SPIELBERG BEER
LES SÉDENTAIRES DE L'ARCHE RETROUVÉE
LE TEMPLE BÉNIT
LA PREMIE CROISA
CHIC !
JE SENS CONFUSÉMENT QUE JE VAIS ENCORE FAIRE LE MAUVAIS CHOIX !
JE ME SENS UN BRIN NERVEUX !
288 E
ALLEZ, HOP ! À DIEU VAT !... JE PRENDS LE TEMPLE !...
LE TEMPLE BÉNIT
?
OOOOH !

QUEL ÉNORME DIAMANT!
OUI! ET IL VOUS FAUT LE PRENDRE POUR GAGNER!
BIEN, BIEN, J'Y COURS!
CLIC
?
?
?
CLIC?
COMMENT ÇA CLIC?...
KLAIIIIIIIIIING
QUEL BÊTE JEU! NON MAIS QUEL BÊTE JEU!...
ALLEZ HOP! JE PRENDS LE DIAMANT, JE ME TIRE ET ON N'EN PARLE PLUS!
288 F
CLIC
CLIC?
J'AIME PAS LES CLIC!
JE CROIS QU'UN RAAAH! S'IMPOSE!

JE CHOISIS UNE AUTRE POOOOOORTE!
OUF! SAUVÉ! J'AI SEMÉ CES SALES BÊTES!
AAAAH!
MIOM!
PIF PAF SOCK
?
N'EMPÊFE QUE V'AI GAGNÉ!...
BREF...
JE SUIS DÉÇU, DISCIPLE!... VOUS N'AVEZ FAIT QUE 30 POINTS SUR UN TOTAL DE 150!
...ENFIN, LE PRINCIPAL C'EST QUE VOUS VOUS SOYEZ BIEN AMUSÉ!
288 G
IL ME VIENT TOUT À COUP À MOI AUSSI UNE IDÉE DE JEU BASÉE SUR "L'AVENTURE DONT VOUS ÊTES LE HÉROS"...
AH!
...MAIS SI, MAÎTRE, REVENEZ!... C'EST PAS TOUJOURS LES MÊMES QUI DOIVENT S'AMUSER!... JE SUIS SÛR QUE VOUS ALLEZ ADORER MON JEU INTITULÉ: "LE CRIME DONT VOUS ÊTES LA VICTIME"...
TONK
FIN

un coup dans l'aile

ENFILEZ DONC CE RAVISSANT COSTUME !
QWÂ?
VOUS N'Y PENSEZ PAS SÉRIEUSE-MENT, DITES-MOI ?
SI!
KLONG
BON !... PUISQUE VOUS LE DEMANDEZ SI GENTIMENT !...
MAIS JE NE METS PAS CETTE CAGOU-LE RIDICULE !...
D'ACCORD ?
NON!
KLONG
... Y A JAMAIS MOYEN DE DISCUTER AVEC UN SCIENTIFIQUE !
NON MAIS !... VOUS M'AVEZ VU ?... DE QUOI J'AI L'AIR, MOI, LÀ-DEDANS ?
JE PRÉFÈRE NE PAS RÉPON-DRE, POUR NE PAS VOUS FAIRE UN IMMENSE CHAGRIN !
ET N'OUBLIEZ PAS LES ANTENNES ET LA TROMPE !...
AH NON ! PAS LES ANTENNES ET LA...
289.8
SI!
KLONG
MON PROBLÈME, C'EST QUE JE N'AI JAMAIS SU DIRE NON !...
ET HAINTENANT, H'EST-CE HEHE HAIS ?
JE VOUS DEMANDE PARDON ?

JE DIS : " ET MAINTENANT, QU'EST-CE QUE JE FAIS ? "
AH !
VOUS VOUS SERVEZ DE VOS PETITES AILES, ET VOUS VOLETEZ GAIEMENT À TRAVERS LA PIÈCE !
MOI, JE ME CHARGE DU RESTE !
ENTRAÎNEZ-VOUS UN PEU PENDANT QUE JE PRENDS MON INVENTION QUI SE TROUVE DANS L'AUTRE PIÈCE !
NON MAIS C'EST PAS VRAI !
?
AH !... SOYEZ GENTIL, FAITES "BZZZ" AUSSI !
POUR FAIRE PLUS VRAI !
ON ME L'AVAIT DIT MAIS JE NE VOULAIS PAS LE CROIRE...
QUOI DONC ?
JE VOLETTE GAIEMENT POUR LA SCIENCE ET C'EST MA JOIE !
BZZZ
... QUE QUAND IL VOLERAIT, LE DISCIPLE SERAIT CHEF D'ESCADRILLE !
289.C
SPLAT
PARFAITEMENT AU POINT ET REDOUTABLEMENT EFFICACE...
MA VIE EST UN CANIVEAU SALE OÙ COULE UNE TRISTESSE DOULOUREUSE !
JE PEUX COMMERCIALISER !
C'EST LA VERSION LA PLUS COURTE DU "VOL DU BOURDON" QUE JE CONNAISSE !

un petit remontemps

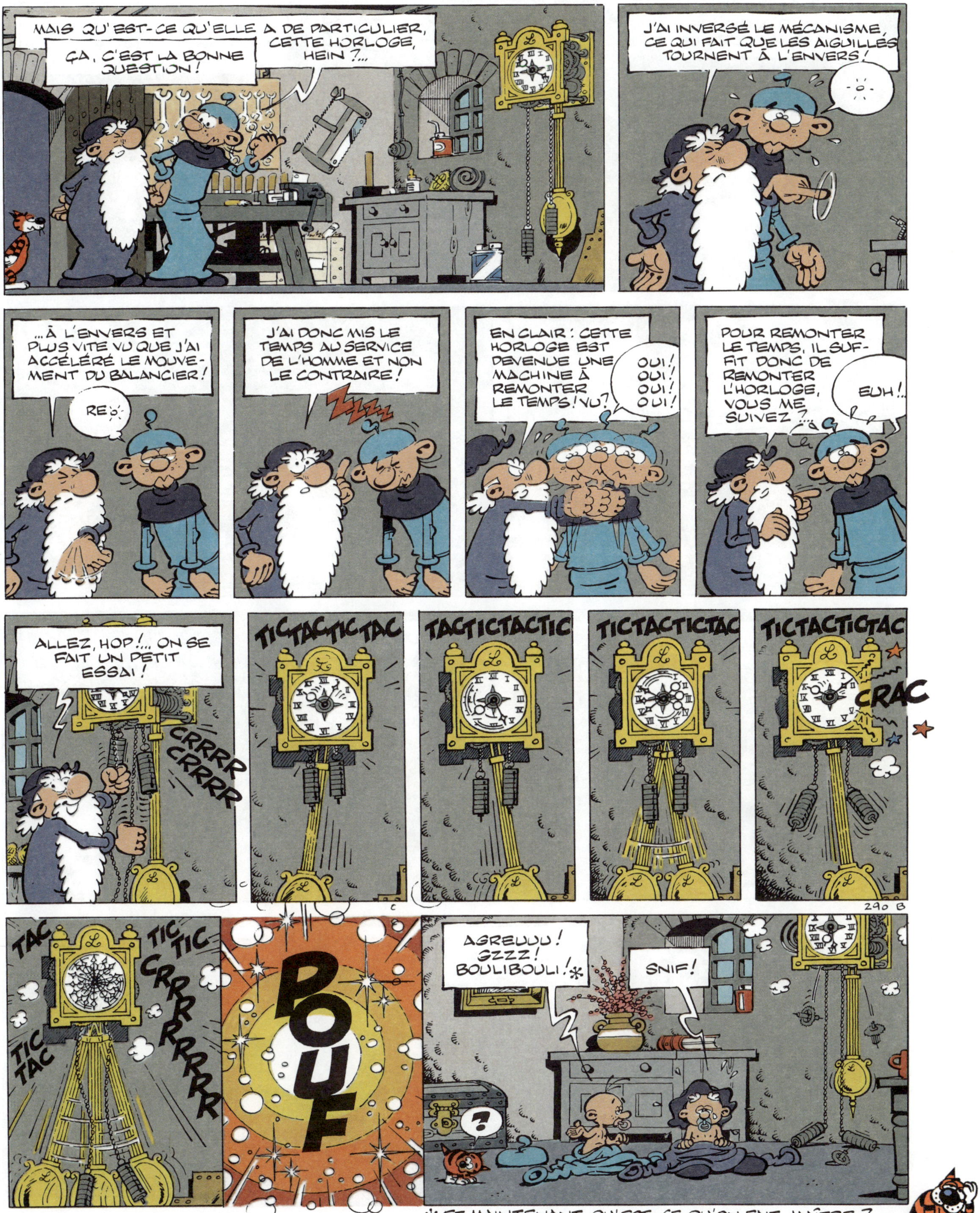

* ET MAINTENANT, QU'EST-CE QU'ON FAIT, MAÎTRE ?

j'y pense donc j'y suis

...POUR MODELER UN CASQUE !
AÏE !
ARG !
CLANG BONG CLUNG
UN DE CES JOURS, LE DISCIPLE VA PARTIR SUR UN COUP DE TÊTE !
GAG !
MAIS ARRÊTEZ UN PEU, BON SANG !
BUNK CLONG PUNK
QUE DE PÉRIPÉTIES VIT CE PAUVRE DISCIPLE, TOUT DE MÊME !
ON PEUT DIRE QU'IL PÉRIPÈTE SEC !
C'EST VRAI QU'ON PEUT VOUS LAISSER SOUFFLER UN PEU, MAINTENANT !
TENEZ !
PLOP
PSCHHH
PLOP
VOILÀ QUI EST NETTEMENT MIEUX !
PEUT-ÊTRE, MAIS OÙ VOULEZ-VOUS EN VENIR, AU JUSTE ?...
C'EST QUOI, CE CASQUE ?
291 B
ATTENDEZ QUE J'AIE VISSÉ CECI, ET VOUS M'EN DIREZ DES NOUVELLES !
AÏE !
QU'EST-CE QU'IL Y A ENCORE ?
RIEN !... JE FAIS TOUJOURS "AÏE" QUAND UNE VIS ME RENTRE DANS LE CRÂNE !
OH PARDON !

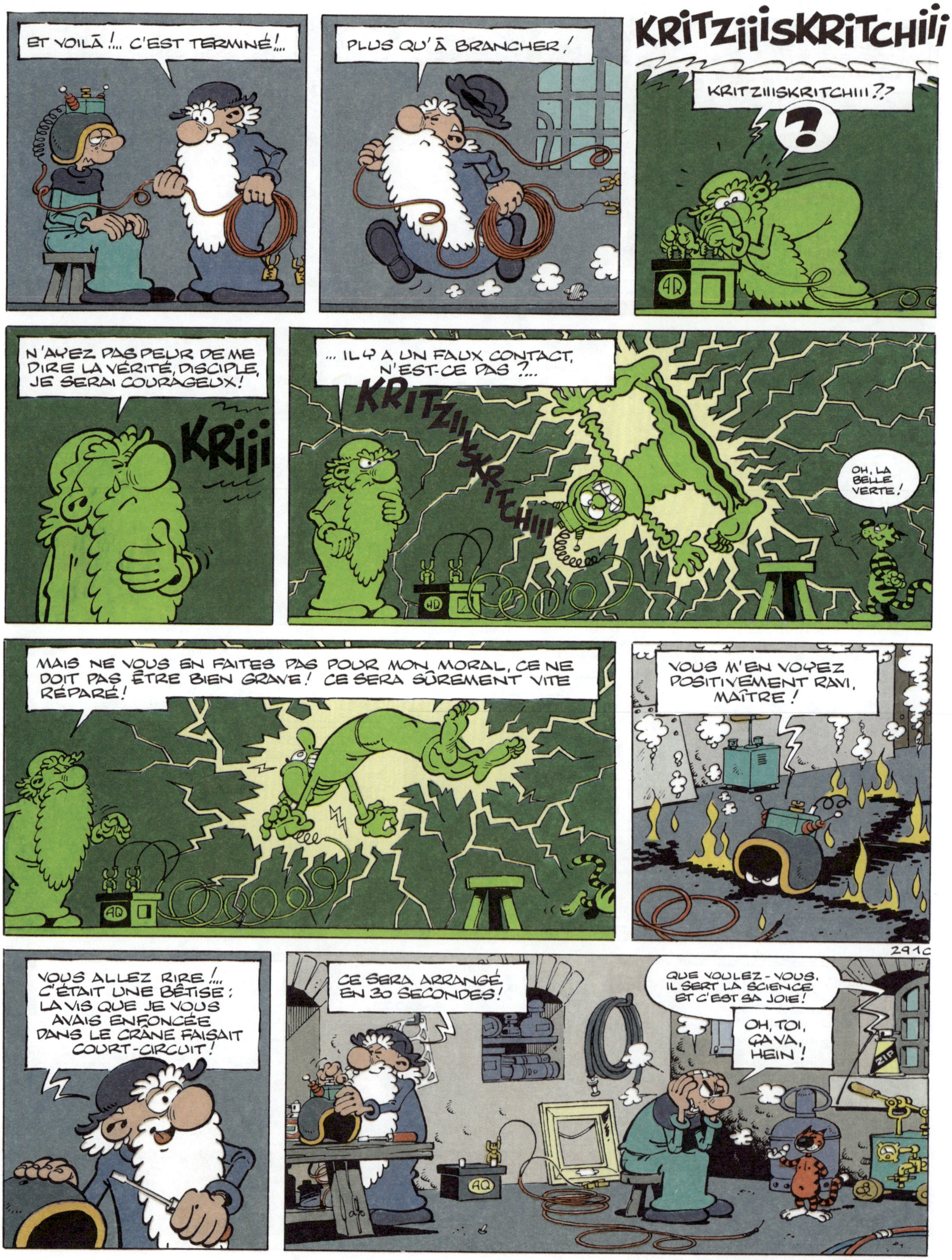
ET VOILÀ !... C'EST TERMINÉ !...
PLUS QU'À BRANCHER !
KRITZIIISKRITCHIII
KRITZIIISKRITCHIII ?.?
?
N'AYEZ PAS PEUR DE ME DIRE LA VÉRITÉ, DISCIPLE, JE SERAI COURAGEUX !
KRIII
... IL Y A UN FAUX CONTACT, N'EST-CE PAS ?...
KRITZIIISKRITCHIII
OH, LA BELLE VERTE !
MAIS NE VOUS EN FAITES PAS POUR MON MORAL, CE NE DOIT PAS ÊTRE BIEN GRAVE ! CE SERA SÛREMENT VITE RÉPARÉ !
VOUS M'EN VOYEZ POSITIVEMENT RAVI, MAÎTRE !
2910
VOUS ALLEZ RIRE !... C'ÉTAIT UNE BÊTISE : LA VIS QUE JE VOUS AVAIS ENFONCÉE DANS LE CRÂNE FAISAIT COURT-CIRCUIT !
CE SERA ARRANGÉ EN 30 SECONDES !
QUE VOULEZ-VOUS. IL SERT LA SCIENCE ET C'EST SA JOIE !
OH, TOI, ÇA VA, HEIN !
ZIP

BUNK
CETTE FOIS, ÇA DEVRAIT FONCTIONNER NORMALEMENT !
G...
DITES, MAÎTRE, LOIN DE MOI L'IDÉE DE VOULOIR M'IMMISCER DANS MA VIE PRIVÉE, MAIS À QUOI SERT CE CASQUE À PART À ÉLECTROCUTER D'HONNÊTES DISCIPLES ?
REMARQUE JUDICIEUSE ET TOUT À VOTRE HONNEUR !
VOUS VOUS SOUVENEZ QUE J'AVAIS DÉJÀ INVENTÉ LE VOYAGE À LA VITESSE DE LA LUMIÈRE ?
CERTES !
EH BIEN, ÇA ME SEMBLAIT ENCORE UN PEU LENT COMME MOYEN DE TRANSPORT ! J'AI DONC SONGÉ À VOYAGER À LA VITESSE DE LA PENSÉE !
GRÂCE À CE CASQUE, IL SUFFIT DE PENSER À UN ENDROIT POUR S'Y RETROUVER INSTANTANÉMENT !
VRAI ?? C'EST TOUT SIMPLEMENT MAGNIFIQUE !... JE PEUX ESSAYER !
VOUS ÊTES LÀ POUR ÇA !...
GNNN... GNNNNN...
POF
ÇA A MARCHÉ ! DIEU SEUL SAIT À PRÉSENT OÙ EST MON DISCIPLE !... EN CHINE ?... EN TERRE DE FEU ?... EN ALASKA ?...
OU PLUS SIMPLEMENT...
BON SANG, J'EN AURAI LE COEUR NET !
NOUS SERONS DEUX !...
JE M'EN DOUTAIS, SALE TRICHEUR !
Z
DISCIPLUS SIMPLEX

adieu poulet !

gueule de bois

MAIS !...? MAIS LA CARPE EST MUETTE !
VOILÀ ENCORE UNE DE CES FABULEUSES INVENTIONS QUE LE MONDE ATTENDAIT AVEC UNE IMPATIENCE NON DISSIMULÉE !
C'EST VRAI, LA CARPE EST MUETTE, MAIS C'EST AUSSI LE SEUL APPEAU DONT NE SORT AUCUN SON...
...VU QU'IL EST EN BOIS PLEIN !
RIEN !
RIEN NON PLUS !
O
À PROPOS D'OISEAUX, ÇA A L'AIR VRAIMENT CHOUETTE !... S'IL VOUS RESTE DU BOIS, J'AIMERAIS ESSAYER !...
AÏE !
JE PEUX ?
JE PEUX ?
JE PEUX ?
?
TROMP
TROMP
TROMP
TROMP
BON, BON !... CALMEZ-VOUS... C'EST D'ACCORD !
GAMIN, VA !
293.B
TENEZ !... VOICI DU BOIS ET DES CISEAUX DU MÊME MÉTAL !
CHIC !
...ET PAS CHER !
MAIS SOYEZ PRUDENT !...
...ENFIN, JE VEUX DIRE...
...NE VOUS BLESSEZ PAS TROP !

AAAH... SCULPTER !...
BONHEUR À L'ÉTAT PUR !
TOC TOC
TOCTOC
SORTIR D'UNE MASSE DE BOIS ANONYME UN BEL OBJET UTILE !
TOC
TOCTOC
MAMAN, TON FILS CRÉE ET IL EST HEUREUUH...
TCHAC
ALORS, LE RODIN DE L'AGGLOMÉRÉ, ÇA AVANCE COMME VOUS LE VOULEZ ?
C'EST TERMINÉ !
SNIF !
C'EST ÇA QU'IL APPELLE LE DOIGTÉ !
ESSAYONS POUR VOIR !
PLUTÔT POUR ENTENDRE !...
ZZZZZ
ÇA MARCHE !
ON NE LE CHANGERA PLUS, IL EST TROP ÂGÉ !
ZZZZZ
CE DISCIPLE EST DÉFINITIVEMENT GÉNIAL !

une bonne pâte

FILEZ TOUS, AVEC VOS TRACES DE BOUE, AVANT QUE JE TUE QUELQU'UN!
GRMBLBLM!!
IL Y EN A MÊME JUSQUE DANS LA CUISINE!...
OOOH! MON GÂTEAU!
REVENEZ TOUS, AVEC VOS TRACES DE BOUE, AVANT QUE JE TUE QUELQU'UN!
16
ELLE SAIT PAS TROP CE QU'ELLE VEUT!...
JE TROUVE AUSSI!...
TAISEZ-VOUS, PETITS MALHEUREUX!...
33
294.B
CETTE NUIT, IL Y A EU UN CRIME!...
... VOL QUALIFIÉ DE PÂTISSERIE, SE TRADUISANT PAR UNE PRISE D'OTAGE D'UN GÂTEAU AU CHOCOLAT, ET LA SÉQUESTRATION ARBITRAIRE DE CE DERNIER DANS L'ESTOMAC DU COUPABLE!

DES TRACES DE PAS MÈNENT À L'ASSIETTE VIDE DU GÂTEAU !
AH !
...VOILÀ QUI NE ME CONCERNE PAS !...
ET POURQUOI DONC, JE VOUS PRIE ?...
BEN... PARCE QUE, MOI, QUAND JE LAISSE DES TRACES DE PAS, ÇA FAIT DES PETITS TRÈFLES... CHARMANTS AU DEMEURANT !...
EXACT !
...MAIS VOUS ÊTES LE SEUL CHAT QUE JE CONNAISSE QUI METTE DES PANTOUFLES !...
...JE VOUS PRIERAI DONC DE VOUS TENIR À LA DISPOSITION DE LA JUSTICE ET DE NE PAS QUITTER LA VILLE SANS AUTORISATION, SUSPECT !
BIEN, M'DAME !
JE VOUS PRÉVIENS, JE CONFONDRAI LE COUPABLE !...
QU'EST-CE QU'ELLE DIT ?
QU'ELLE VEUT VOUS FAIRE FONDRE !
ÇA VA ÊTRE DUR !... C'EST MATHURINE QUI MÈNE L'ENQUÊTE !
AH !... QU'ON ME FASSE MONTER DE LA BIÈRE ET DES SANDWICHS, ÇA VA ÊTRE LONG !...

MIOM CHOMP CHOMP
CRUNCH MIOM MIOM
J'AI UNE IDÉE !
PLAF
POURQUOI TOUJOURS MOI ?
TOI, LÀ, TU TE SOUVIENS DE TON INVENTION ?...
TAP TAP
???
VOUS ME TUTOYEZ, MAINTENANT, MATHURINE ?...
LAPE LAPE LAPE
RRRRRON RRRRRON
C'EST TOUJOURS COMME ÇA, À LA "CRIME"... DE PLUS, C'EST MOI QUI POSE LES QUESTIONS, VU ?
V... VU !
JE PARLAIS DE TON INVENTION DE LA MACHINE À REMONTER LE TEMPS...
OUI, ET ALORS !
BEN, FAUT QUE TU AILLES LA RECHERCHER !... J'EN AI BESOIN !
COMME TU VEUX !
ON NE TUTOIE JAMAIS UN FLIC PENDANT L'ENQUÊTE !
APRÈS L'ENQUÊTE NON PLUS, D'AILLEURS !
EXCUSEZ-MOI !... JE CROYAIS... BREF... EUH... ON COURT TE CHERCHER VOTRE MACHINE QUE JE TE BRANCHE COMME VOUS VOULEZ...

ET ALORS, DISCIPLE ?
ET ALORS QUOI, MAÎTRE !
QUAND JE DIS: ON COURT, ÇA NE VEUT PAS DIRE: JE COURS!
??
ÇA VEUT DIRE : VOUS COUREZ !!! ...VOUS ME SUIVEZ ?
OUI, SI VOUS COUREZ DEVANT MOI !...
BLAM
J'AI TOUT COMPRIS, MAÎTRE !... ON COURT, MAÎTRE, ON COURT !...
ET VOUS AVEZ EXACTEMENT...
PFF... PFF... PAS ÉTÉ TROP LONG ?...PFF !...
ZOOOM
...5 SECONDES POUR REVENI... EUH...
...
BON !... RÉGLONS LA MACHINE SUR LES DERNIÈRES VINGT-QUATRE HEURES...
BB...
36
294 E
DÉFILEMENT RAPIDE ET... GO, COMME DISAIT CHRISTOPHE COLOMB !
DÉGAGEZ, JE LANCE LA MACHINE !...
WIIIIIIIIIIIIIII

WIIIIIIIIIIIIIII
HIER À 22 HEURES... RIEN !... GÂTEAU INTACT !...
22
23 HEURES... RIEN À SIGNALER NON PLUS !
23
HIER À MINUIT, ON N'AVAIT TOUJOURS PAS TOUCHÉ AU GÂT...
LA PORTE !... QUELQU'UN VIENT !...
TAPTAP
...UN... UN BRUIT DE PAS QUI M'EST FAMILIER !...
TAP TAP TAP
OOH !
ZZZZZZ
TAP TAP
ZZ
MIOM CRUNCH CHOMP CHOMP
37
294F
CHOMPCHOMP
ET JE SUIS SOMNAMBULE, EN PLUS !
BREF...
...EUH... OUI, J'AI CLASSÉ L'AFFAIRE !... NON, JE NE REFAIS PAS DE GÂTEAU AU CHOCOLAT !... AU CITRON, CETTE FOIS ! IL FAUT BIEN VARIER LES PLAISIRS !... PAS VRAI, RAOUL !...

un petit trou pas cher

JE SUIS UN CHAT !... C'EST ÇA !... D'AILLEURS, ON ME NOMME FÉLIX, COMME TOUS LES CHATS !
RAVI COLLÈGUE... MOI, C'EST RAOUL !
MEROOOOW !
MA PÂTÉE ! JE VEUX MA PÂTÉE !!
MAIS VOUS N'ÊTES PAS UN CHAT VOUS ÊTES UN DISCIPLE, DISCIPLE !...
CHUIS PAS CHAT ?
MAIS NON, MAIS NON !
CHUIKOIALORS ?
ON N'Y ARRIVERA JAMAIS !
PEUT-ÊTRE QU'UN BON COUP SUR LA CAFETIÈRE !...
GNON !
VOUS VOYEZ LE GENRE ?...
L'HOMÉOPATHIE !
MATHURINE, VOUS AVEZ RAISON !
KLONG
295 B
ÇA VA MIEUX ?
OUI OUI ! JE ME SOUVIENS, À PRÉSENT !
... JE SUIS LE DISCIPLE, VOUS ÊTES LE GÉNIE ET LA GROSSE, LÀ ...
GROSSE ?
GOUJAT !!!
BUNK
PLUS SIMPLEX
QUI ÊTES-VOUS ?... QUI... QUI EST-IL ?... QUI SUIS-JE ??...
MIAOU !
C'EST PAS VRAI !...

NON MAIS ÇA VA PAS LA TÊTE ? FRAPPER LE CHAT... EUH... JE VEUX DIRE...
MRAOU !!
NON !... VOUS, VOUS N'ÊTES PAS UN CHAT !...
WAF
ALORS ?...
BUNK
ÇA Y EST !... JE SUIS GUÉRI ! VOUS ÊTES GÉNIE, MOI DISCIPLE ET LA GRO...
BUNK
MAIS IL N'AVAIT RIEN DIT !
IL ALLAIT LE DIRE !
G...
NOUS, LES GROS, ON SENT CES CHO... EUH...
BON BEN MAINTENANT, VOUS SORTEZ SINON ON NE S'EN SORTIRA JAMAIS !
QUANT À VOUS, DISCIPLE...
DISCIPLUS SIMPLEX
BUNK
JE SUIS LE DISCIPLE ET VOUS LE MAÎTRE... MAIS OÙ QU'ELLE EST LA GROSSE ?...
TAISEZ-VOUS, PETIT MALHEUREUX !
BON ! C'EST PAS TOUT ÇA ! POURQUOI M'AVEZ-VOUS RÉVEILLÉ AVEC UNE BRUTALE PRÉMÉDITATION SAUPOUDRÉE DE VOTRE ZESTE HABITUEL DE CRUAUTÉ CHOISIE !
BON EUH... ALORS ÇA, C'EST FORT !...
DISCIPLUS-SIMPLEX
J'AI UN TROU !
ENCORE 17 TROUS ET ON POURRA FAIRE UN GOLF !
DISCIPLUS-SIMPLEX

le moral de l'histoire

PARTOUT, CE N'EST QUE BRUITS DE GUERRE, CATASTROPHES NATURELLES, GENS QUI MEURENT DE FAIM, DE SOIF,... ET PARFOIS DES DEUX !
ET EN PLUS, MON LAVABO EST BOUCHÉ !
... ET LES PETITS ENFANTS PAUVRES, ON N'EN A PAS PARLÉ, DES PETITS ENFANTS PAUVRES !...
SNIRF
... VOUS SAVEZ BIEN, CEUX QUI ONT LE NEZ ÉCRASÉ CONTRE LA VITRINE DES MAGASINS DE JOUETS, À NOËL, NE POUVANT TOUCHER QUE DES YEUX CES RÊVES QUI LEUR SONT À JAMAIS INTERDITS !...
... ET LES CHATS ET LES MÉMÉS QU'ON ABANDONNE PENDANT LES VACANCES !...
OH NON !... PAS LES CHATS !...
PAR PITIÉ ! ARRÊTEZ !!
296 B
MAIS QU'EST-CE QUI VOUS PREND DE NOUS COLLER UN PAREIL COUP DE CAFARD ?
C'EST LE PESSIMISME !... SNIF !
... JE VIENS DE L'INVENTER !... MAIS NE VOUS EN FAITES PAS... SNIF... DEMAIN, ÇA IRA MIEUX... SNIF... J'INVENTE L'OPTIMISME !
?
BOUHOUHOU !... COMPLÈTEMENT À LA MASSE, CE MEC !
NORMAL ! BOUHOU !... IL EST BRANCHÉ !

FIN

félin bécile

DISCIPLE !
TCHIIIPETCHIIIIP !
IL N'A PAS OSÉ ?...
BEN SI !
Z
TOC TOC TOC TOC TOC
OUIII ?
298.A
DISCIPLE, AVEZ-VOUS DES COUSINS ?...
PICPICPIC
ONZE PAR ALLIANCE !
...NON !... ONZE ET DEMI ! UNE DE MES TANTES EST ENCEINTE DE CINQ MOIS !

...ET DANS CET AS DE COUSINS, QUEL EST LE PRÉNOM DE CELUI QUE VOUS PRÉFÉREZ ?.., C'EST POUR LE DONNER À UNE DE MES INVENTIONS !
EUGÈNE !
MAIS... C'EST PAS BON ! AH NON !... ÇA, ÇA NE VA PAS DU TOUT !
?
POURTANT, D'HABITUDE, ÇA MARCHE. AH !... J'AI UNE IDÉE... SON NOM DE FAMILLE ?...
SCRABBLE !
ÇA, ÇA PEUT FAIRE L'AFFAIRE !
EH BIEN, J'AI INVENTÉ LE SCRABBLE, UN JEU DONT VOUS ME DIREZ DES NOUVELLES !...
VOUS PUISEZ DANS CETTE POCHE SEPT LETTRES AUXQUELLES UNE VALEUR EN POINTS A ÉTÉ ATTRIBUÉE, À VOUS DE DÉPOSER UN MOT, LE PLUS LONG POSSIBLE, QUI VOUS RAPPORTE LE PLUS DE POINTS POSSIBLE !
COMPRIS ?
298.B
OUAIS ! ÇA A L'AIR CHOUETTE ! À PROPOS, "QWYXZ" ÇA VEUT DIRE QUELQUE CHOSE ?
ALLEZ, ON COMMENCE !
1511
9

PRENEZ VOS SEPT LETTRES !... ET SANS REGARDER !
...À MON TOUR !
J'AI UN MOT !... J'AI UN MOT !... JE PEUX COMMENCER...
EN VOILÀ UN QUI VA FAIRE DES POINTS !
QUANZ ?!?
?
BEN OUI !... COMME GENGIS QUANZ !
KHAN !
KHAN PEUT S'ÉCRIRE KAN OU KHAN MAIS JAMAIS QUANZ !
ZUTTE ALLAUR !
DOMMAGE QU'IL ME MANQUE 19 LETTRES POUR FAIRE "HANTYKONSTITUÇIONAILEMAN"
ANTICONSTITUTIONNELLEMENT !
BON, ÇA VA !...
...J'AI COMPRIS !... AVANT DE COMMERCIALISER LE SCRABBLE, IL FAUDRA D'ABORD QUE J'INVENTE L'ORTHOGRAPHE ET LE DICTIONNAIRE !...
L'AURTAUGRAF ?